El silbo del dale

Antología

Coordinación editorial: Ignacio Chao

Dirección de arte: Departamento de imagen y diseño GELV

ISBN: 978-84-263-7124-9
Depósito legal: Z. 153-09

Talleres Gráficos Edelvives (50012 Zaragoza)
Certificados ISO 9001
Printed in Spain

El silbo del dale
Antología

Miguel Hernández

selección, introducciones y notas
Juan Nieto Marín

ilustraciones
Paula Alenda

EDELVIVES

Apuntes para una biografía

Miguel Hernández Gilabert nace el 30 de octubre de 1910 en Orihuela (Alicante) y muere en 1942, a los treinta y un años de edad. Su vida, intensa y breve, es fiel reflejo de un tiempo convulso.

Miembro de una familia humilde y numerosa, pasó mucho tiempo en el campo y tuvo que hacerse cargo del rebaño de su padre, que se dedicaba a la compraventa de ganado.

Su profundo interés por la lectura fue formando su personalidad y orientando su vida. Pronto empezó a escribir poesía y a publicarla en periódicos locales.

Siendo muy joven, Miguel Hernández sintió la necesidad de ampliar su horizonte cultural y decidió viajar a Madrid a probar fortuna literaria. Allí hizo amistad con poetas como Pablo Neruda, Rafael Alberti o Vicente Aleixandre. Influenciado por ellos, se lanzó a la experimentación lírica y escribió una poesía menos sujeta a las normas establecidas.

Cuando estalló la Guerra Civil en 1936, Miguel Hernández tomó partido entusiasta por la República y se incorporó al 5º Regimiento. Actuó como soldado y como poeta a la vez. Cuando fue destinado al Altavoz del Frente, entre sus cometidos estuvo propagar la poesía a través de altavoces. Durante algunos años, su creación se volvió arma de denuncia, testimonio y aliento.

En marzo de 1937, se casó con Josefina Manresa, con la que tuvo dos hijos.

Al final de la contienda, Miguel Hernández trató de escapar del país, pero fue detenido y comenzó su peregrinaje por varias cárceles. En enero de 1940 lo condenaron a 30 años de prisión. Falleció dos años después, tras contraer una tuberculosis pulmonar aguda.

En cierta ocasión, escribió una carta a su amigo Ramón Sijé donde le decía: «¿Por qué me pusieron un alma de poeta? ¿Por qué no fui como todos los pastores, mazorral, ignorante...?».

Una pregunta cuya respuesta murmura el silbo del aire.

Primera parte

La luz, el paisaje de la tierra levantina, el modesto ambiente familiar y el oficio de pastor marcan las primeras experiencias de Miguel Hernández. Son los temas que presiden *Perito en lunas* (1933), su primer libro: una poesía hermética y preciosista, un grito vital en un mundo mezquino, una manera de dignificar lo vulgar y lo cotidiano.

Su siguiente obra, *El rayo que no cesa* (1936), está compuesta por sonetos de tema amoroso y otros poemas en los que se refleja su crisis existencial y el distanciamiento de sus preocupaciones religiosas. El libro contiene, además, la famosa «Elegía» escrita a la muerte de su amigo Ramón Sijé.

1

Que como el sol sea mi verso
más grande y dulce cuanto más viejo.

2

Limón

Oh limón amarillo,
patria de mi calentura.
Si te suelto
en el aire,
oh limón
amarillo,
me darás
un relámpago
en resumen.

Si te subo
a la punta
de mi índice,
oh limón
amarillo,
me darás
un chinito
coletudo,
y hasta toda
la China,
aunque desde
los ángeles
contemplada.

Si te hundo
mis dientes,
oh agrio
mi amigo,
me darás
un minuto
de mar.

3

(Leyendo)

Un ciprés: a él junto, leo.
(El sol va acortando poco
a poco su fulgor loco.
Preludia un ave un gorjeo).

Me acuesto en la hierba. Leo.
(Es el poniente de hoguera:
contra él una palmera
tiene un débil cabeceo).

Echo el ojo al hato. Leo.
(Da el sol un golpe mayúsculo
a una montaña...

                   Crepúsculo.
Se oye de un agua el chorreo).

Me pongo sentado. Leo.
(La muriente luz se enjambra
fingiendo una gran Alhambra
de mármol cristaloideo).

(Trunca el ave su gorjeo.
Por el oriente descuella
la noche.
          ¿Nace una estrella?).
No quedan luces... No leo.

4

En cuclillas, ordeño
una cabrita y un sueño.

Glú, glú, glú,
hace la leche al caer
en el cubo. En el tisú*
celeste va a amanecer.
Glú, glú, glú. Se infla la espuma,
que exhala
una finísima bruma.

(Me lame otra cabra, y bala).

En cuclillas, ordeño
una cabrita y un sueño.

---

* Tela de seda entretejida con hilos de oro y plata.

5

El silbo de las ligaduras

¿Cuándo aceptarás, yegua,
el rigor de la rienda?

¿Cuándo, pájaro pinto,
a picotazo limpio

romperás tiranías
de jaulas y de ligas,

que te hacen imposibles
los vuelos más insignes

y el árbol más oculto
para el amor más puro?

¿Cuándo serás, cometa,
para función de estrella,

libre por fin del hilo
cruel de otro albedrío?

¿Cuándo dejarás, árbol,
de sostener, buey manso,

el yugo que te imponen
climas, raíces, hombres,

para crecer atento
sólo al silbo del cielo?

¿Cuándo, pájaro, yegua,
cuándo, cuándo, cometa?

¡Ay!, ¿cuándo, cuándo, árbol?
¡Ay! ¿Cuándo, cuándo, cuándo?

Cuando mi cuerpo vague,

¡ay!,

asunto ya del aire.

6

(Barbero)

Blanco narciso por obligación*.
Frente a su imagen siempre, espumas pinta,
y en el mineral lado del salón
una idea de mar fulge distinta.
Si no esquileo en campo de jabón,
hace rayas, con gracia, mas sin tinta;
y al fin, con el pulgar en ejercicio,
lo que le sobra anula del oficio.

---

* El barbero, con bata blanca, enjabona la cara del cliente.

7

Un gesto del alba

¡Oh, qué carcajadas
tan disparatadas
las de las granadas!

(El alba de oro

Risas coralinas
entre matutinas
auras y hojas finas.

romper quiere en lloro;

Sobre los ardientes
labios, rubescentes*
asoman mil dientes.

mas avergonzada

Hay en aposentos
ocultos más cientos
de dientes sangrientos.

una gran granada.

---

* Que tira a rojo.

Rosada en los llanos
celestes deslíe...
¡Ah, los rubios granos
de la escarcha!

Y ríe).

8

Olores

Para oler unos claveles,
este muchacho de hinojos.

Tiros de grana. El olor
pone sus extremos rojos.

Para oler unos azahares,
este muchacho con zancos.

Espuma en cruz. El olor
pone sus extremos blancos

Para oler unas raíces,
tendido el muchacho este.

Uñas de tierra. El olor
lo pone todo celeste.

Hoy el día es un colegio
musical. Más de un billón
de aves, cantan la lección
de armonía, que el egregio*
profesor Sol les señala
desde su sillón cobalto,
dando vueltas en lo alto
con un libro abierto: el ala.

---

* Ilustre.

10

(Gallo)

La rosada, por fin Virgen María*,
Arcángel tornasol, y de bonete**
dentado de amaranto, anuncia el día,
en una pata alzado un clarinete.
La pura nata de la galanía
es este Barba Roja a lo roquete,
que picando coral, y hollando, suma
«a batallas de amor, campos de pluma***».

---

*   Identificación de la Virgen María con la aurora.
**   Especie de gorra de cuatro picos usada por eclesiásticos.
*** Verso final de la «Soledad primera», de Luis de Góngora, 1612.

11

Recuerdo...

La luna casi ordeñada
por la noche; por mi mano
ordeñada la manada.

Sobre las tejas rotundas
el alba henchida de leche,
la noche vacía de luna.

El aprisco con esquilas,
y remulgos y balidos:
¡toda una vaharada idílica!

Un lucero entre mis ojos
y en la intimidad del agua
maravillada del pozo.

En un cercano naranjo
y en una torre cercana
eólica brisa y trinados.

Sobre el tejado volcada
una riada de cielo
con nubes podridas de alba.

Y, como un velo de novia
arrugado, la ordeñada
leche en el cubo, espumosa.

12

El silbo del dale

Dale al aspa, molino,
hasta nevar el trigo.

Dale a la piedra, agua,
hasta ponerla mansa.

Dale al molino, aire,
hasta lo inacabable.

Dale al aire, cabrero,
hasta que silbe tierno.

Dale al cabrero, monte,
hasta dejarle inmóvil.

Dale al monte, lucero,
hasta que se haga cielo.

Dale, Dios, a mi alma
hasta perfeccionarla.

Dale que dale, dale
molino, piedra, aire,

cabrero, monte, astro,
dale que dale largo.

Dale que dale, Dios,

¡ay!

Hasta la perfección.

Me tiraste un limón, y tan amargo,
con una mano cálida, y tan pura,
que no menoscabó su arquitectura
y probé su amargura sin embargo.

Con el golpe amarillo, de un letargo
dulce pasó a una ansiosa calentura
mi sangre, que sintió la mordedura
de una punta de seno duro y largo.

Pero al mirarte y verte la sonrisa
que te produjo el limonado hecho,
a mi voraz malicia tan ajena,

se me durmió la sangre en la camisa,
y se volvió el poroso y áureo pecho
una picuda y deslumbrante pena.

14

Reloj rústico

Aquel tajo cerril de la montaña,
el campesino y yo
tenemos por reloj:
la una es un barranco,
otro las dos;
las tres, las cuatro, otros;
la aguja es la gran sombra
de un peñasco que brota con pasión;
la esfera, todo el monte;
el tic-tac, la canción
de las cigarras bárbaras,
y la cuerda la luz... ¡Espléndido reloj!
¡Pero sólo señala puntualmente
las horas, en los días que hace sol!

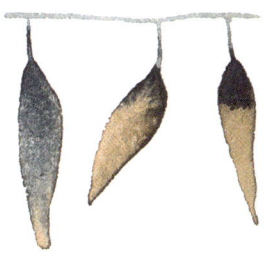

15

(El aeroplano)*

Redención del acero
cisne de geometría que en la gloria
canta y muere; cigarra del enero
y el agosto gigante y transitoria.
En el pico una estrella giratoria,
por el viento camina,
barítono pastor de gasolina.

* Procede del poema «Vuelo vulnerado».

16

(Veletas)

Danzarinas en vértices cristianos
injertadas: bakeres más viüdas,
que danzan con los vientos, ya gitanos
de palmas y campanas, puntiagudas.
Negros, hacen los vientos gestos planos,
índices, si no agallas, de sus dudas,
pero siempre a los nortes y a los estes
danzarinas, si etíopes, celestes.

17

Al partir de su tierra
pierde el pastor dos lágrimas

Mira hermano, en nuestro valle
se me perdieron dos lágrimas...
¡Las más grandes que tenía!,
y yo no puedo buscarlas.
Mira hermano, corre al valle
y búscalas en las granas...
No vayas a confundirlas
con el mijo de la escarcha:
mis lágrimas son más puras
y amargas que las del alba.
Tal vez por ser muy espesas
se han convertido en luciérnagas.
A estrellitas se metieron
tal vez por ser muy ingrávidas...
Búscalas de todos modos,
y, cuando las halles, guárdalas
en dos cajitas, hermano,
como para niñas, blancas.

Por tu pie, la blancura más bailable,
donde cesa en diez partes tu hermosura,
una paloma sube a tu cintura,
baja a la tierra un nardo interminable.

Con tu pie vas poniendo lo admirable
del nácar en ridícula estrechura,
y a donde va tu pie va la blancura,
perro sembrado de jazmín calzable.

A tu pie, tan espuma como playa,
arena y mar me arrimo y desarrimo
y al redil de su planta entrar procuro.

Entro y dejo que el alma se me vaya
por la voz amorosa del racimo:
pisa mi corazón que ya es maduro.

Flor — de almendro

Flor del almendro temprano*:
preliminar inocencia.
Aún no ha hecho el frío cano
discursiva su abstinencia.
Aún la verde diligencia
es ociosidad sutil;
y ya, a pesar del hostil,
en su detrimento, enero,
por su testigo primero
se propone blanco abril.

---

* La primera flor del almendro desafía al frío invierno.

20

Ser onda, oficio, niña
es de tu pelo

Ser onda, oficio, niña, es de tu pelo,
nacida ya para el marero* oficio;
ser graciosa y morena tu ejercicio
y tu virtud más ejemplar ser cielo.

¡Niña!, cuando tu pelo va de vuelo,
dando del viento claro un negro indicio,
enmienda de marfil y de artificio
ser de tu capilar borrasca anhelo.

No tienes más quehacer que ser hermosa,
ni tengo más festejo que mirarte,
alrededor girando de tu esfera.

Satélite de ti, no hago otra cosa,
si no es una labor de recordarte.
—¡Date presa de amor, mi carcelera!

---

* Viento que viene del mar.

21

Adolescente

Crece
bajo la higuera
verde
que almidona
la siesta,
que le escuece.

Mira
cómo liban,
angélicas,
heridas,
de cera,
a medoros
de arrope*.

---

* Mosto cocido que tiene consistencia de jarabe.

Fuma
cigarras
encendidas
con lija.

Oye
mudarse
de camisa
la culebra,
fundada
en su silbido.

Crece
hasta
almidonarse también
bajo los negros
higos.

22

Naranja

Doncello el cuchillo, inicia
tu desnudez en mi mano:
ámbito de tu delicia,
tu vestido meridiano.
Cuando a mi dentro escribano,
ves sin el ejemplar rebozo:
novilunio* cada trazo
de tu unidad fraccionaria,
queda en el suelo, canaria
sierpe, la piel de mi gozo.

---

* Conjunción de la Luna con el Sol.

Mis ojos, sin tus ojos, no son ojos,
que son dos hormigueros solitarios,
y son mis manos sin las tuyas varios
intratables espinos a manojos.

No me encuentro los labios sin tus rojos,
que me llenan de dulces campanarios,
sin ti mis pensamientos son calvarios
criando nardos y agostando* hinojos.

No sé qué es de mi oreja sin tu acento,
ni hacia qué polo yerro sin tu estrella,
y mi voz sin tu trato se afemina.

Los olores persigo de tu viento
y la olvidada imagen de tu huella,
que en ti principia, amor, y en mí termina.

---

* Marchitar, secar.

Un carnívoro cuchillo*
de ala dulce y homicida
sostiene un vuelo y un brillo
alrededor de mi vida.

Rayo de metal crispado
fulgentemente caído,
picotea mi costado
y hace en él un triste nido.

Mi sien, florido balcón
de mis edades tempranas,
negra está, y mi corazón,
y mi corazón con canas.

Tal es la mala virtud
del rayo que me rodea,
que voy a mi juventud
como la luna a la aldea.

---

* Expresión de angustia existencial.

Recojo con las pestañas
sal del alma y sal del ojo
y flores de telarañas
de mis tristezas recojo.

¿Adónde iré que no vaya
mi perdición a buscar?
Tu destino es de la playa
y mi vocación del mar.

Descansar de esta labor
de huracán, amor o infierno
no es posible, y el dolor
me hará a mi pesar eterno.

Pero al fin podré vencerte,
ave y rayo secular,
corazón, que de la muerte
nadie ha de hacerme dudar.

Sigue, pues, sigue, cuchillo,
volando, hiriendo. Algún día
se pondrá el tiempo amarillo
sobre mi fotografía.

25

(Palmera)

Anda, columna; ten un desenlace
de surtidor*. Principia por espuela.
Pon a la luna un tirabuzón. Hace
el camello más alto de canela.
Resuelta en claustro viento esbelto pace,
oasis de beldad a toda vela
con gargantillas de oro en la garganta:
fundada en ti se iza la sierpe**, y canta.

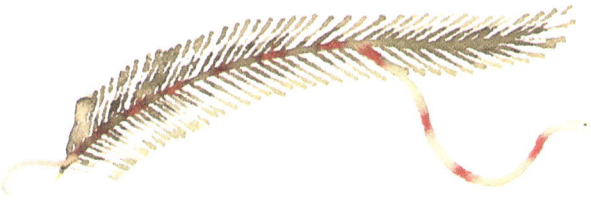

---

* La palma es descrita como si sus hojas desplegadas fueran un surtidor.
** Serpiente.

Orejas — inútiles

Dos pájaros me están enamorando,
por la audición, el alma con el pío:
uno en la juncia* blanca, junto al río,
y otro en la rama, lejos de lo blando.

Hacia los dos mis devociones mando:
ni a uno me vuelvo ni a otro me desvío,
y entre los dos se encuentra mi albedrío
por los dos fervoroso suspirando.

¡Ay, qué solicitud! Silban a dúo,
éste a la zurda, aquél a la derecha
sobre una paz festiva de domingo.

Y yo a ninguno de ambos exceptúo
de mi atención que, duplicada, acecha,
y el pájaro mejor, ¡ay!, no distingo.

---

* Planta herbácea que abunda en sitios húmedos.

Me sobra el corazón

Hoy estoy sin saber yo no sé cómo,
hoy estoy para penas solamente,
hoy no tengo amistad,
hoy sólo tengo ansias
de arrancarme de cuajo el corazón
y ponerlo debajo de un zapato.

Hoy reverdece aquella espina seca,
hoy es día de llantos de mi reino,
hoy descarga en mi pecho el desaliento
plomo desalentado.

No puedo con mi estrella.
Y me busco la muerte por las manos
mirando con cariño las navajas,
y recuerdo aquel hacha compañera,
y pienso en los más altos campanarios
para un salto mortal serenamente.

Si no fuera ¿por qué?... no sé por qué,
mi corazón escribiría una postrera carta,
una carta que llevo allí metida,
haría un tintero de mi corazón,
una fuente de sílabas, de adioses y regalos,
y *ahí te quedas,* al mundo le diría.

Yo nací en mala luna.
Tengo la pena de una sola pena
que vale más que toda la alegría.

Un amor me ha dejado con los brazos caídos
y no puedo tenderlos hacia más.
¿No véis mi boca qué desengañada,
qué inconformes mis ojos?

Cuanto más me contemplo más me aflijo:
cortar este dolor ¿con qué tijeras?

Ayer, mañana, hoy
padeciendo por todo
mi corazón, pecera melancólica,
penal de ruiseñores moribundos.

Me sobra el corazón.

Hoy descorazonarme,
yo el más corazonado de los hombres,
y por el más, también el más amargo.

No sé por qué, no sé por qué ni cómo
me perdono la vida cada día.

28

Elegía*

*(En Orihuela, su pueblo y el mío,
se me ha muerto como el rayo,
Ramón Sijé, a quien tanto quería).*

Yo quiero ser llorando el hortelano
de la tierra que ocupas y estercolas,
compañero del alma, tan temprano.

Alimentando lluvias, caracolas
y órganos mi dolor sin instrumento,
a las desalentadas amapolas

daré tu corazón por alimento.
Tanto dolor se agrupa en mi costado,
que por doler me duele hasta el aliento.

Un manotazo duro, un golpe helado,
un hachazo invisible y homicida,
un empujón brutal te ha derribado.

---

* Esta famosa elegía M. Hernández la escribió dos semanas después de la muerte de
su amigo Ramón Sijé, ocurrida el 24 de diciembre de 1935.

No hay extensión más grande que mi herida,
lloro mi desventura y sus conjuntos
y siento más tu muerte que mi vida.

Ando sobre rastrojos de difuntos,
y sin calor de nadie y sin consuelo
voy de mi corazón a mis asuntos.

Temprano levantó la muerte el vuelo,
temprano madrugó la madrugada,
temprano estás rodando por el suelo.

No perdono a la muerte enamorada,
no perdono a la vida desatenta,
no perdono a la tierra ni a la nada.

En mis manos levanto una tormenta
de piedras, rayos y hachas estridentes
sedienta de catástrofes y hambrienta.

Quiero escarbar la tierra con los dientes,
quiero apartar la tierra parte a parte
a dentelladas secas y calientes.

Quiero minar la tierra hasta encontrarte
y besarte la noble calavera
y desamordazarte y regresarte.

Volverás a mi huerto y a mi higuera:
por los altos andamios de las flores
pajareará tu alma colmenera

de angelicales ceras y labores.
Volverás al arrullo de las rejas
de los enamorados labradores.

Alegrarás la sombra de mis cejas,
y tu sangre se irán a cada lado
disputando tu novia y las abejas.

Tu corazón, ya terciopelo ajado,
llama a un campo de almendras espumosas
mi avariciosa voz de enamorado.

A las aladas almas de las rosas
del almendro de nata te requiero,
que tenemos que hablar de muchas cosas,
compañero del alma, compañero.

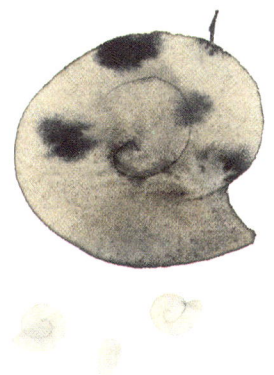

Segunda parte

El compromiso político del poeta durante los años de la guerra se ve claramente reflejado en su obra de este tiempo: poesía militante, donde consigue unir lo individual y lo colectivo, pero, también, conmovedora, que sufre con el dolor más humano y se solidariza con las injusticias sociales.

Viento del pueblo (1937) contiene una poesía directa que canta los dolores y las aspiraciones de una población en guerra con la que Miguel Hernández se identifica totalmente. Como dejó escrito en un pequeño trozo de papel: «La poesía en mí es un arma que dejo en las manos del pueblo».

Los poemas de *El hombre acecha* (1939) reflejan el paso brutal y devastador de la contienda. El entusiasmo inicial ha ido desapareciendo y el tono se vuelve más sobrio e íntimo. No en vano se presiente el desenlace final.

29

Vientos del pueblo me llevan
(fragmento)

Vientos del pueblo me llevan,
vientos del pueblo me arrastran,
me esparcen el corazón
y me avientan la garganta.

30

Canción primera

Se ha retirado el campo
al ver abalanzarse
crispadamente al hombre.

¡Qué abismo entre el olivo
y el hombre se descubre!

El animal que canta:
el animal que puede
llorar y echar raíces,
rememoró sus garras

Garras que revestía
de suavidad y flores,
pero que, al fin, desnuda
en toda su crueldad.

Crepitan en mis manos.
Aparta de ellas, hijo.
Estoy dispuesto a hundirlas,
dispuesto a proyectarlas
sobre tu carne leve.

He regresado al tigre.
Aparta, o te destrozo.

Hoy el amor es muerte,
y el hombre acecha al hombre.

Déjame que me vaya*,
madre, a la guerra.

Déjame, blanca hermana,
novia morena.
Déjame.

Y después de dejarme
junto a las balas,
mándame a la trinchera
besos y cartas.

¡Mándame!

---

* Este poema es una canción que forma parte de la obra de teatro *Pastor de la muerte* (1937).

Las abarcas desiertas

Por el cinco de enero,
cada enero ponía
mi calzado cabrero
a la ventana fría.

Y encontraba los días,
que derriban las puertas,
mis abarcas vacías,
mis abarcas desiertas.

Nunca tuve zapatos,
ni trajes, ni palabras:
siempre tuve regatos,
siempre penas y cabras.

Me vistió la pobreza,
me lamió el cuerpo el río
y del pie a la cabeza
pasto fui del rocío.

Por el cinco de enero,
para el seis, yo quería
que fuera el mundo entero
una juguetería.

Y al andar la alborada
removiendo las huertas,
mis abarcas sin nada,
mis abarcas desiertas.

Ningún rey coronado
tuvo pie, tuvo gana
para ver el calzado
de mi pobre ventana.

Toda gente de trono,
toda gente de botas
se rio con encono
de mis abarcas rotas.

Rabié de llanto, hasta
cubrir de sal mi piel,
por un mundo de pasta
y unos hombres de miel.

Por el cinco de enero,
de la majada mía
mi calzado cabrero
a la escarcha salía.

Y hacia el seis, mis miradas
hallaban en sus puertas
mis abarcas heladas,
mis abarcas desiertas.

33

El niño yuntero

Carne de yugo, ha nacido
más humillado que bello,
con el cuello perseguido
por el yugo para el cuello.

Nace, como la herramienta,
a los golpes destinado,
de una tierra descontenta
y un insatisfecho arado.

Entre estiércol puro y vivo
de vacas, trae a la vida
un alma color de olivo
vieja ya y encallecida.

Empieza a vivir, y empieza
a morir de punta a punta
levantando la corteza
de su madre con la yunta*.

---

* Par de animales de tiro, especialmente bueyes o mulas, empleados en las labores
del campo.

Empieza a sentir, y siente
la vida como una guerra
y a dar fatigosamente
en los huesos de la tierra.

Contar sus años no sabe,
y ya sabe que el sudor
es una corona grave
de sal para el labrador.

Trabaja, y mientras trabaja
masculinamente serio,
se unge de lluvia y se alhaja
de carne de cementerio.

A fuerza de golpes, fuerte,
y a fuerza de sol, bruñido,
con una ambición de muerte
despedaza un pan reñido.

Cada nuevo día es
más raíz, menos criatura,
que escucha bajo sus pies
la voz de la sepultura.

Y como raíz se hunde
en la tierra lentamente
para que la tierra inunde
de paz y panes su frente.

Me duele este niño hambriento
como una grandiosa espina,
y su vivir ceniciento
revuelve mi alma de encina.

Lo veo arar los rastrojos,
y devorar un mendrugo,
y declarar con los ojos
que por qué es carne de yugo.

Me da su arado en el pecho,
y su vida en la garganta,
y sufro viendo el barbecho
tan grande bajo su planta.

¿Quién salvará a este chiquillo
menor que un grano de avena?
¿De dónde saldrá el martillo
verdugo de esta cadena?

Que salga del corazón
de los hombre jornaleros,
que antes de ser hombres son
y han sido niños yunteros.

34

El sudor

En el mar halla el agua su paraíso ansiado
y el sudor su horizonte, su fragor, su plumaje.
El sudor es un árbol desbordante y salado,
un voraz oleaje.

Llega desde la edad del mundo más remota
a ofrecer a la tierra su copa sacudida,
a sustentar la sed y la sal gota a gota,
a iluminar la vida.

Hijo del movimiento, primo del sol, hermano
de la lágrima, deja rodando por las eras,
del abril al octubre, del invierno al verano,
áureas enredaderas.

Cuando los campesinos van por la madrugada
a favor de la esteva* removiendo el reposo,
se visten una blusa silenciosa y dorada
de sudor silencioso.

---

* Pieza del arado sobre la que apoya la mano.

Vestidura de oro de los trabajadores,
adorno de las manos como de las pupilas.
Por la atmósfera esparce sus fecundos olores
una lluvia de axilas.

El sabor de la tierra se enriquece y madura:
caen los copos del llanto laborioso y oliente,
maná de los varones y de la agricultura,
bebida de mi frente.

Los que no habéis sudado jamás, los que andáis yertos
en el ocio sin brazos, sin música, sin poros,
no usaréis la corona de los poros abiertos
ni el poder de los toros.

Viviréis maloliendo, moriréis apagados:
la encendida hermosura reside en los talones
de los cuerpos que mueven sus miembros trabajados
como constelaciones.

Entregad al trabajo, compañeros, las frentes:
que el sudor, con su espada de sabrosos cristales,
con sus lentos diluvios, os hará transparentes,
venturosos, iguales.

35

El herido

II

Para la libertad sangro, lucho, pervivo.
Para la libertad, mis ojos y mis manos,
como un árbol carnal, generoso y cautivo,
doy a los cirujanos.

Para la libertad siento más corazones
que arenas en mi pecho: dan espumas mis venas,
y entro en los hospitales, y entro en los algodones
como en las azucenas.

Para la libertad me desprendo a balazos
de los que han revolcado su estatua por el lodo.
Y me desprendo a golpes de mis pies, de mis brazos,
de mi casa, de todo.

Porque donde unas cuencas vacías amanezcan,
ella pondrá dos piedras de futura mirada
y hará que nuevos brazos y nuevas piernas crezcan
en la carne talada.

Retoñarán aladas de savia sin otoño
reliquias de mi cuerpo que pierdo en cada herida.
Porque soy como el árbol talado, que retoño:
porque aún tengo la vida.

Canción última

Pintada, no vacía:
pintada está mi casa
del color de las grandes
pasiones y desgracias.

Regresará del llanto
adonde fue llevada
con su desierta mesa,
con su ruidosa cama.

Florecerán los besos
sobre las almohadas.
Y en torno de los cuerpos
elevará la sábana
su intensa enredadera
nocturna, perfumada.

El odio se amortigua
detrás de la ventana.

Será la garra suave.

Dejadme la esperanza.

Aceituneros

(fragmento)

Andaluces de Jaén,
aceituneros altivos,
decidme en el alma: ¿quién,
quién levantó los olivos?

No los levantó la nada,
ni el dinero, ni el señor,
sino la tierra callada,
el trabajo y el sudor.

Unidos al agua pura
y a los planetas unidos,
los tres dieron la hermosura
de los troncos retorcidos.

Tercera parte

Durante los años de cárcel, Miguel Hernández escribe su poesía probablemente más madura, pero también más dolorida y reflexiva. *Cancionero y romancero de ausencias,* obra publicada tras su muerte en 1958, recoge la dura experiencia de las horas en prisión, la añoranza del amor lejano, la desolación por la muerte de su hijo y el dolor por un mundo de esperanzas que se desmorona.

La mayoría son poemas breves de aparente sencillez y espontaneidad que, sin embargo, encierran una voz esperanzada y una profunda sabiduría.

Querer, querer, querer,
ésa fue mi corona,
ésa es.

39

Llegó con tres heridas:
la del amor,
la de la muerte,
la de la vida.

Con tres heridas viene:
la de la vida,
la del amor,
la de la muerte.

Con tres heridas yo:
la de la vida,
la de la muerte,
la del amor*.

---

* Cada una de las tres estrofas paralelas recoge tres temas esenciales en la obra de
M. Hernández.

Rueda que irás muy lejos.
Ala que irás muy alto.
Torre del día, niño.
Alborear del pájaro.

Niño: ala, rueda, torre.
Pie. Pluma. Espuma. Rayo.
Ser como nunca ser.
Nunca serás en tanto.
Eres mañana. Ven
con todo de la mano.
Eres mi ser que vuelve
hacia su ser más claro.
El universo eres
que guía esperanzado.

Pasión del movimiento,
la tierra es tu caballo.
Cabálgala. Domínala.
Y brotará en su casco
su piel de vida y muerte,
de sombra y luz, piafando.
Asciende. Rueda. Vuela,
creador de alba y mayo.
Galopa. Ven. Y colma
el fondo de mis brazos.

41

Los animales del día
a los de la noche buscan.

Lejos anda el sol,
cerca la luna.

Animal del mediodía,
la medianoche me turba.

Lejos anda el sol,
cerca la luna

El sol, la rosa y el niño
flores de un día nacieron.
Los de cada día son
soles, flores, niños nuevos.

Mañana no seré yo:
otro será el verdadero.
Y no seré más allá
de quien quiera su recuerdo.

Flor de un día es lo más grande
al pie de lo más pequeño.
Flor de la luz el relámpago,
y flor del instante el tiempo.

Entre las flores te fuiste.
Entre las flores me quedo.

Rotos, rotos: ¡Qué rotos!
Rotos: cristales rotos
de tanto dilatarse
en ver, arder, querer,
luchar, odiar, mis ojos.

Rotos: por siempre rotos.
Rotos: espejos rotos,
caídos, sin imagen,
sin dirección, tus ojos.

El mar también elige
puertos donde reír
como los marineros.

El mar de los que son.

El mar también elige
puertos donde morir.
Como los marineros.

El mar de los que fueron.

El pez más viejo del río
de tanta sabiduría
como amontonó, vivía
brillantemente sombrío.
Y el agua le sonreía.

Tan sombrío llegó a estar
(nada el agua le divierte)
que después de meditar,
tomó el camino del mar,
es decir, el de la muerte.

Reíste tú junto al río,
niña solar. Y ese día
el pez más viejo del río
se quitó el aire sombrío.
Y el agua te sonreía.

Bocas de ira.
Ojos de acecho.
Perros aullando.
Perros y perros.

Todo baldío.
Todo reseco.
Cuerpos y campos,
cuerpos y cuerpos.

¡Qué mal camino,
qué ceniciento,
corazón tuyo,
fértil y tierno!

Ni te lavas ni te peinas
ni sales de ese rincón.

Contigo queda la sombra,
conmigo el sol.

Debajo del granado
de mi pasión
amor, amor he llorado
¡ay de mi corazón!

Al fondo del granado
de mi pasión
el fruto se ha desangrado
¡ay de mi corazón!

Con dos años, dos flores
cumples ahora*.
Dos alondras llenando
toda tu aurora.
Niño radiante;
va mi sangre contigo
siempre adelante.

Sangre mía, adelante,
no retrocedas.
La luz rueda en el mundo,
mientras tú ruedas.
Todo te mueve,
universo de un cuerpo
dorado y leve.

---

* Este poema fue escrito en enero de 1941, cuando su segundo hijo cumplió dos
años.
** Planta gramínea.

Herramienta es tu risa,
luz que proclama
la victoria del trigo
sobre la grama**.
Ríe. Contigo
venceré siempre al tiempo
que es mi enemigo.

Negros ojos negros.

El mundo se abría
sobre tus pestañas
de negras distancias.
Dorada mirada.

El mundo se cierra
sobre tus pestañas
lluviosas y negras.

51

Enciende las dos puertas,
abre la lumbre.
No sé lo que me pasa
que tropiezo en las nubes.

Mi casa contigo era
la habitación de la bóveda.
Dentro de mi casa entraba
por ti la luz victoriosa.

Mi casa va siendo un hoyo.
Yo no quisiera que toda
aquella luz se alejara
vencida, desde la alcoba.

Pero cuando llueve, siento
que las paredes se ahondan,
y reverdecen los muebles,
rememorando las hojas.

Mi casa es una ciudad
con una puerta a la aurora,
otra más grande a la tarde,
y a la noche, inmensa, otra.

Mi casa es un ataúd.
Bajo la lluvia redobla
y ahuyenta las golondrinas
que no la quisieran torva.

En mi casa falta un cuerpo.

Dos en nuestra casa sobran.

53

Sobre el cuerpo de la luna
nadie pone su calor.
Frente a frente sol y luna
entre la luna y el sol
que se buscan y no se hallan
                    tú y yo.
Pero por fin se hallarán,
nos hallaremos, amor,
y el mundo será redondo
hacia nuestro corazón.

Ausencia en todo veo:
tus ojos la reflejan.

Ausencia en todo escucho:
tu voz a tiempo suena.

Ausencia en todo aspiro:
tu aliento huele a hierba.

Ausencia en todo toco:
tu cuerpo se despuebla.

Ausencia en todo siento.
Ausencia, ausencia, ausencia.

No te asomes
a la ventana,
que no hay nada en esta casa.

Asómate a mi alma.

No te asomes
al cementerio,
que no hay nada entre esos huesos.

Asómate a mi cuerpo.

Menos tu vientre,
todo es confuso.
Menos tu vientre,
todo es futuro
fugaz, pasado
baldío, turbio.
Menos tu vientre,
todo es oculto.
Menos tu vientre
todo inseguro,
todo postrero,
polvo sin mundo.
Menos tu vientre
todo es oscuro.
Menos tu vientre
claro y profundo.

Cogedme, cogedme.
Dejadme, dejadme,
fieras, hombres, sombras,
soles, flores, mares.

Cogedme.

Dejadme.

58

Uvas, granadas, dátiles,
doradas, rojas, rojos,
hierbabuena del alma,
azafrán de los poros.

Uvas como tu frente,
uvas como tus ojos.
Granadas con la herida
de tu florido asombro,
dátiles con tu esbelta
ternura sin retorno,
azafrán, hierbabuena
llueves a grandes chorros
sobre la mesa pobre,
gastada, del otoño,
muerto que te derramas,
muerto que yo conozco,
muerto frutal, caído
con octubre en los hombros.

Conozco bien los caminos
conozco los caminantes
del mar, del fuego, del sueño,
de la tierra, de los aires.
Y te conozco a ti
que estás dentro de mi sangre.

60

Vals de los enamorados
y unidos hasta siempre

No salieron jamás
del vergel del abrazo.
Y ante el rojo rosal
de los besos rodaron.

Huracanes quisieron
con rencor separarlos.
Y las hachas tajantes
y los rígidos rayos.

Aumentaron la tierra
de las pálidas manos.
Precipicios midieron,
por el viento impulsados
entre bocas deshechas.
Recorrieron naufragios,
cada vez más profundos
en sus cuerpos, sus brazos.

Perseguidos, hundidos
por un gran desamparo
de recuerdos y lunas,
de noviembres y marzos,
aventados se vieron
como polvo liviano:
aventados se vieron,
pero siempre abrazados.

61

El corazón es agua
que se acaricia y canta.

El corazón es puerta
que se abre y se cierra.

El corazón es agua
que se remueve, arrolla,
se arremolina, mata.

En el fondo del hombre,
agua removida.

En el agua más clara,
quiero ver la vida.

En el fondo del hombre,
agua removida.

En el agua más clara,
sombra sin salida.

En el fondo del hombre,
agua removida.

Tristes guerras
si no es amor la empresa.

Tristes. Tristes.

Tristes armas
si no son las palabras.

Tristes. Tristes.

Tristes hombres
si no mueren de amores.

Tristes. Tristes.

La cantidad de mundos
que con los ojos abres,
que cierras con los brazos.

La cantidad de mundos
que con los ojos cierras,
que con los brazos abres.

No puedo olvidar
que no tengo alas,
que no tengo mar,
vereda ni nada
con que irte a besar.

Tus ojos parecen
agua removida.

¿Qué son?

Tus ojos parecen
el agua más turbia
de tu corazón.

¿Qué fueron? ¿Qué son?

67

Nanas de la cebolla*

La cebolla es escarcha
cerrada y pobre:
escarcha de tus días
y de mis noches.
Hambre y cebolla:
hielo negro y escarcha
grande y redonda.

En la cuna del hambre
mi niño estaba.
Con sangre de cebolla
se amamantaba.
Pero tu sangre,
escarchaba de azúcar,
cebolla y hambre.

Una mujer morena,
resuelta en luna,
se derrama hilo a hilo
sobre la cuna.

---

* Fueron escritas después de recibir una carta de su mujer en la que decía que no
comía más que pan y cebolla.

Ríete, niño,
que te tragas la luna
cuando es preciso.

Alondra de mi casa,
ríete mucho.
Es tu risa en los ojos
la luz del mundo.
Ríete tanto
que en el alma, al oírte,
bata el espacio.

Tu risa me hace libre,
me pone alas.
Soledades me quita,
cárcel me arranca.
Boca que vuela,
corazón que en tus labios
relampaguea.

Es tu risa la espada
más victoriosa.
Vencedor de las flores
y las alondras.
Rival del sol,
porvenir de mis huesos
y de mi amor.

La carne aleteante,
súbito el párpado,
y el niño como nunca
coloreado.
¡Cuánto jilguero
se remonta, aletea,
desde tu cuerpo!

Desperté de ser niño.
Nunca despiertes.
Triste llevo la boca.
Ríete siempre.
Siempre en la cuna,
defendiendo la risa
pluma por pluma.

Ser de vuelo tan alto,
tan extendido,
que tu carne parece
cielo cernido.
¡Si yo pudiera
remontarme al origen
de tu carrera!

Al octavo mes ríes
con cinco azahares.
Con cinco diminutas
ferocidades.
Con cinco dientes
como cinco jazmines
adolescentes.

Frontera de los besos
serán mañana,
cuando en la dentadura
sientas un arma.
Sientas un fuego
correr dientes abajo
buscando el centro.

Vuela niño en la doble
luna del pecho.
Él, triste de cebolla.
Tú, satisfecho.
No te derrumbes.
No sepas lo que pasa
ni lo que ocurre.

Índice

.

Procedencia de los poemas

Los textos recogidos en esta antología proceden de las siguientes obras:

De _Perito en lunas:_ 6, Barbero. 10, Gallo. 16, Veletas. 25, Palmera.

De _El rayo que no cesa:_ 13, _Me tiraste un limón, y tan amargo._ 18, _Por tu pie, la blancura más bailable._ 24, _Un carnívoro cuchillo._

De _Viento del pueblo:_ 29, Vientos del pueblo me llevan (fragmento). 33, El niño yuntero. 34, El sudor. 37, Aceituneros (fragmento).

De _El hombre acecha:_ 30, Canción primera. 35, El herido. 36, Canción última. 31, _Déjame que me vaya._ 32, Las abarcas desiertas.

De _Cancionero y romancero de ausencias:_ 38, _Querer, querer, querer._ 39, _Llegó con tres heridas._ 40, _Rueda que irás muy lejos._ 41, _Los animales del día._ 42, _El sol, la rosa y el niño._ 43, _Rotos, rotos: ¡Qué rotos!_ 44, _El mar también elige._ 45, _El pez más viejo del río._ 46, _Bocas de ira._ 47, _Ni te lavas ni te peinas._ 48, _Debajo del granado._ 49, _Con dos años, dos flores._ 50, _Negros ojos negros._ 51, _Enciende las dos puertas._ 52, _Mi casa contigo era._ 53, _Sobre el cuerpo de la luna._ 54, _Ausencia en todo veo._ 55, _No te asomes._ 56, _Menos tu vientre._ 57, _Cogedme, cogedme._ 58, _Uvas, granadas, dátiles._ 59, _Conozco bien los caminos._ 60, Vals de los enamorados y unidos hasta siempre. 61, _El corazón es agua._ 62, _En el fondo del hombre._ 63, _Tristes guerras._ 64, _La cantidad de mundos._ 65, _No puedo olvidar._ 66, _Tus ojos parecen._ 67, Nanas de la cebolla.

Poemas sueltos publicados con posterioridad en Obras completas: 1, _Que como el sol sea mi verso._ 2, Limón. 3, Leyendo. 4, _En cuclillas, ordeño._ 5, El silbo de las ligaduras. 7, Un gesto del alba. 8, Olores. 9, _Hoy día es un colegio._ 11, Recuerdo... 12, El silbo del dale. 14, Reloj rústico. 15, El aeroplano. 17, Al partir de su tierra pierde el pastor dos lágrimas. 19, Flor — de almendro. 20, Ser onda, oficio, niña es de tu pelo. 21, Adolescente. 22, Naranja. 23, _Mis ojos, sin tus ojos, no son ojos._ 26, Orejas — inútiles. 27, Me sobra el corazón. 28, Elegía.